AF338808

27
L n
21343

HILAIRE DE POITIERS

NÉOPHYTE

PAR

L'ABBÉ P. A. LEBRUN

CURÉ-DOYEN DE SAINT-SAVIN

POITIERS

TYPOGRAPHIE DE HENRI OUDIN

RUE DE L'ÉPERON, 4.

1868

HILAIRE DE POITIERS

NÉOPHYTE

DISCOURS PRÊCHÉ DANS L'ÉGLISE DE SAINT-HILAIRE-LE-GRAND, DE POITIERS, LE

JOUR DE LA FÊTE DE CE SAINT, LE 13 JANVIER 1864.

*Natus est homo, princeps fratrum, firmamentum gentis,
rector fratrum, stabilimentum populi. (Eccli. 29, 17.)*

Un homme est né, qui fut le prince et le guide de ses
frères, l'appui de sa nation et le soutien de son peuple.

MONSEIGNEUR (1),

Il y a cette différence entre les grands hommes et les grands saints des anciens temps, que le lointain qui grandit les uns outre mesure, ou qui les enveloppe de je ne sais quelles ombres, de quelles ténèbres impénétrables, donne au contraire aux autres leur taille naturelle, et leur conserve presque tous leurs traits; par suite de la tradition chrétienne qui les amène jusqu'à nous, et par suite surtout de la dévotion des peuples qui en fait en quelque sorte nos contemporains. Si je m'avisais en ce moment de vous parler d'Alexandre ou de César, la portion lettrée de cet auditoire chercherait peut-être à s'en faire une idée d'après les données qu'elle en a vues dans l'histoire; mais les simples qui m'entendent aussi me fixeraient de leurs deux yeux comme au bruit d'un nom inconnu. Au contraire que je parle d'Hilaire aujourd'hui, et je vois aussitôt tous les visages s'épanouir comme à l'aspect d'une connaissance et d'un ami !

Or, mes Frères, pour suivre ainsi les traces pieuses de cette dévotion des peuples envers notre illustre saint, et pour dérouler à son sujet cette chaîne d'or de la tradition catholique, il faudrait vous énumérer ici les foules nombreuses qui sont venues, à travers les siècles, s'agenouiller sur son tombeau; sans oublier surtout dans cette longue et glorieuse énumération notre roi Clovis, après sa grande victoire dans les plaines de Voulon (2) : il faudrait vous

---

(1) Monseigneur Pie, évêque de Poitiers.

(2) Voulon, c'est là (à 28 kilomètres de Poitiers), et en l'année 507, qu'eut lieu la bataille qui fit tomber Alaric II et l'arianisme sous les coups du roi Clovis. Alors un globe de feu qui s'éleva au-dessus de l'église de Saint-Hilaire de Poitiers devint le signal et la cause de la victoire.

Cui quæ sit gloriatio, ostendit concursus ad tumulum, purificatio incursorum, medela languentium, mirandarum signa virtutum... (Ex Sacramentario, biblioth. reg. nec non ex ms. missali Batoldi et colb. in præfatione missæ.)

citer tous les saints Pères qui nous l'ont signalé comme l'une des constellations du firmament de l'Église, les plus belles et les plus radieuses, qui sont allées chercher dans la nature ou dans les arts les expressions les plus fortes et les mieux choisies, les figures les plus frappantes et les plus saisissantes pour peindre la pureté de sa doctrine, l'ardeur de sa foi, le feu de son génie et l'entraînement de son éloquence (1) ; il faudrait enfin vous faire connaître tous les orateurs sacrés qui, d'années en années, ici ou ailleurs, se sont faits ses panégyristes... jusqu'à vous, Monseigneur, qui avez si bien su par votre épiscopat le ressusciter au milieu de nous; qui avez dû, vous aussi, lui dresser à votre façon un monument d'éloquence, et qui le faites chaque jour encore plus par vos actes que par vos paroles, en attendant que bientôt vous lui dressiez un monument matériel digne de sa grandeur et de notre piété (2).

J'arrive donc aujourd'hui le dernier de tous et je viens attacher mon faible anneau à tant de chaînons précieux qui nous précèdent dans le passé; et par suite devant m'écrier avec encore plus d'appréhension que notre saint Fortunat en pareille rencontre : «...Ah ! quand je mesure l'exiguité de mon génie, la grandeur d'Hilaire prend alors à mes yeux de telles proportions, qu'il me paraît, à moi, aussi impossible de parler d'Hilaire que de toucher de ma main la voûte des cieux... Surtout quand je vois Jérôme trembler lui-même à l'essai d'un pareil travail, je pense qu'il serait plus sage pour moi d'admirer que de dire; et de laisser une pareille tâche à Ambroise, à l'illustre Ambroise, l'un des maîtres de l'éloquence et de la vertu chrétiennes (3).»

Eh bien ! grand docteur de l'Église, saint évêque de notre bonne ville de Poitiers, j'aurai, moi aussi, la sainte audace de célébrer vos louanges et de me faire votre panégyriste. Mais auparavant, laissez-moi recueillir au fond de mon âme une étincelle de ce feu sacré, de cette divine lumière qui brûle et

---

(1) Testes sunt doctissimi viri diversa laude præcipui, quibus, veluti stellis micantibus cœlum, fulget Ecclesia : inter quos sanctus Hilarius Pictaviensis urbis episcopus. (CASSIADORE, *lib. de instit. divin*, cap. 17 et 18.) — Athanasii epistolas et Hilarii libros inoffenso decurrat pede : illorum tractatibus illorum delectetur ingeniis, in quorum libris pietas fidei non vacillat... Sanctus Hilarius Gallicano cothurno attollitur et Greciæ floribus adornatur... qui et confessionis suæ merito, et vitæ industria, et eloquentiæ claritate, ubicumque Romanum nomen est, prædicatur... Si flumen eloquentiæ et concinnas declamationes desiderant, legant Tullium... Tertulianum, Cyprianum... Lactantium, Hilarium... Hilarius latinæ eloquentiæ Rhodanus, Gallus ipse et Pictavis genitus. (S. JÉROME ex *epistolis* aut *præf.*) — Ecclesiæ catholicæ adversus hæreticos acerrimum defensorem venerandum, quis ignoret Hilarium episcopum gallum ?... Catholicus loquitur, insignis ecclesiarum doctor loquitur, Hilarius loquitur (S. AUGUSTIN, *lib.* 6 *de Trinitate, et lib.* 2 *contra Julianum*). Hilarius episcopus Romanorum lucifer, ecclesiarum lucerna et pretiosa lampas, pulchro aureoque ore loquitur universa. (HINCMAR, *de Prædest.*) — Sancte pater Hilari, qui olim unitatem ecclesiæ, spiritus sancti gladio tuebaris. (FULBERT DE CHARTRES, *epist. ad Abbonem.*)

(2) Entre autres, Pierre Damiens ; — De translatione sancti Hilarii. — Monseigneur l'évêque de Poitiers a le projet de restaurer la vieille basilique de Saint-Hilaire-le-Grand, église remarquable de la première moitié du XIe siècle, et dont les Vandales de notre grande révolution ne nous ont laissé que l'abside et les transepts.

(3) S. FORTUNAT, évêque de Poitiers, *Sancti Hilarii vitæ præfatio.*

qui resplendit dans toutes vos œuvres, en l'invoquant ici avec ces pieuses et poétiques paroles que vous chantiez vous-mêmes sur la terre d'exil en souvenir de votre fille bien-aimée.

« Splendide dispensateur de la lumière du jour, toi dont l'éclat serein, dissipant les ombres de la nuit, entr'ouvre, à chaque aurore, les yeux des mortels! viens, auteur de toutes choses, ô gloire de la splendeur du Père, remplis nos cœurs de ton esprit. C'est là l'espoir de notre prière et c'est là l'objet de tous nos vœux : que ta céleste et douce lumière soit notre guide le matin et qu'elle soit aussi notre sauvegarde la nuit !... (1) » *Ave, Maria.*

Il en est des grands hommes et surtout des grands saints comme des colosses; après un premier coup d'œil jeté tout d'abord sur leur masse imposante, on ne peut les bien connaître qu'après les avoir tournés dans tous les sens et qu'après les avoir examinés sous toutes leurs faces.

Or, mes Frères, que dans l'histoire du monde et surtout dans l'histoire de l'Église, saint Hilaire soit un colosse moral, la chose est incontestable : le rôle qu'il a joué dans son temps, la chrétienté tout entière qu'il a soutenue alors contre les coups de l'arianisme l'ont posé, à travers les siècles, comme l'une des grandes figures de l'humanité, s'il n'était point déjà l'une des plus grandes gloires de l'Église. Il faut donc le tourner lui aussi, il faut donc l'étudier sous tous ses aspects, si l'on veut parvenir à l'apprécier complétement.

Eh bien ! nous ne croyons pas nous tromper en disant qu'Hilaire peut être vu sous ces quatre aspects différents et qui composent parfaitement bien son imposante et majestueuse figure : Hilaire néophyte, Hilaire évêque de Poitiers, Hilaire confesseur de la foi, enfin Hilaire docteur de l'Église. Et d'abord Hilaire néophyte : en d'autres termes, ce qui a pu contribuer de près comme de loin, naturellement et surnaturellement, à rendre Hilaire chrétien, c'est là le sujet de l'instruction d'aujourd'hui.

I

Deux choses contribuent à former un homme ; mais il en faut une troisième pour constituer un chrétien. Deux choses contribuent à former un homme : son temps et la trempe de sa nature : son temps, c'est-à-dire son pays, sa nation, son époque, sa famille, son éducation; la trempe de sa nature, c'est-à-dire sa constitution physique, son caractère moral, son intelligence, son cœur; et tout cela sous l'action d'une influence supérieure que les anciens ont appelée le destin, que les modernes paganisés appellent notre étoile, et que nous appelons, nous chrétiens, la divine Providence à qui incombe ici-bas le soin de tous les êtres créés : *Cui cura est de omnibus* (2).

Une troisième chose est nécessaire pour constituer un chrétien : à savoir,

(1) Ex hymno S. Hilarii filiæ suæ Abræ misso.
(2) *Sapient.* 12, 13.

cette influence céleste dont nous parlions tout à l'heure, mais plus gratuite que la première, plus divine, s'il est possible, et qui dirige vers un autre but que le temps. Influence toute spéciale, plus efficace que l'autre, et qu'on appelle la grâce ; qui prédestine l'homme vers un but surnaturel pour le temps et pour l'éternité ; qui le prépare à cette double prédestination par tous les moyens naturels que nous indiquions tout à l'heure pour former un homme, et qui deviennent alors les instruments de la grâce : la grâce enfin qui prend elle-même un corps, qui achève son œuvre et qui la rend immortelle, par ce qu'on appelle le signe sacré et le caractère indélébile d'un sacrement. Appliquons toutes ces choses à notre Hilaire.

Au lieu donc de cette France d'aujourd'hui, presque entièrement dépouillée de ses antiques forêts, divisée en nombreux héritages qui se touchent les uns les autres comme les cases d'un damier aux mille couleurs; au lieu de cette France sillonnée dans tous les sens par des voies terrestres ou aériennes, où les hommes et les choses courent comme le vent, où la pensée circule avec la rapidité de la foudre; de cette France enfin surchargée de villages, de bourgs et de cités plus ou moins populeuses et plus ou moins splendides, dans lesquelles l'agitation et le mouvement semblent suivre une étourdissante progression : au lieu de cette France d'aujourd'hui, représentez-vous la vieille Gaule, semée çà et là de quelques rares cités, et dont les vieux noms ont disparu depuis déjà longtemps ; la Gaule chenue, coupée de distance en distance par de solides et larges routes, comme de larges éclaircies à travers les grands bois. Dans ces villes résident des étrangers ou des nationaux qui le sont presque devenus. Sur ces routes, à part quelques rares voyageurs dont quelques-uns enveloppés d'une simple tunique et d'un pauvre manteau, les pieds nus, un bâton à la main, semblent porter sur leur front quelque chose de céleste et marcher vers une mission mystérieuse (1) ; sur ces routes ordinairement solitaires, les légions romaines marchent en tout sens : elles les foulent aux pieds comme on foule un ennemi vaincu.

Ce n'est que dans les bois qu'habite la nation, c'est-à-dire un peuple naïf, sagace et franc, mobile, curieux, enthousiaste, imitateur et spontané, plein de lui-même, joyeux dans la vie plus que tout autre et cependant se jouant avec la mort (2). En fuyant les cités où dominait le Romain, alors maître du monde, ce peuple avait emporté avec lui sa langue, ses traditions et ses dieux : et si César le vainqueur de Vercingétorix n'a pas pu le dompter, il est une puissance qui le poursuit déjà jusqu'au fond de ses forêts ou plutôt jusqu'au fond de son cœur ; et c'est là que bientôt saint Martin, disciple d'Hilaire, ira lui-même le chercher pour le christianiser et en même temps pour le

_____

(1) S. MATTH., 10, 10. — HILARIUS, *comment. in Math.* c. 10, n° 3 jusqu'à n° 8.

(2) Hilarius, in hymnorum carmine, Gallos indociles vocat (S. JÉROME, ex præfat.)

Dum Pictavorum doctor floreret in oris,
Indomitis tradens populis præcepta salutis.

(S. PAULIN, lib. 1, *carm. de vita S. Martini.*)

franciser; double transformation qui s'est accomplie simultanément (1).

Nous sommes à l'époque, mes Frères, où la plupart des églises de la Gaule étaient fondées dans le sang de leurs martyrs : nommer les églises de Lyon, de Paris, de Tours, de Limoges, Arles, Narbonne, Toulouse, c'est nommer des églises apostoliques. Poitiers comptait déjà son huitième évêque. Mais si la hache des bourreaux venait de tomber de lassitude et d'impuissance, Arius était né, et Julien l'apostolat ne tardera pas à naître pour aller habiter la maison des Thermes, dans sa villa de Lutèce. Enfin César était chrétien. Par une législation tout à fait conforme à sa nouvelle croyance, sans proscrire toutefois l'ancien culte des idoles, et malgré son sénat presque tout païen, il a rendu à l'Eglise la liberté : puis enveloppant les aigles romaines dans les replis de ses drapeaux victorieux et les emportant sur un autre rivage, il cède la place à une autre puissance encore inconnue ; il la laisse seule à Rome où bientôt elle grandira au-dessus de toutes les autres, où elle se maintiendra contre toutes les autres, et d'où bientôt elle dominera toutes les autres jusqu'à la fin des temps.

C'est donc à cette époque solennelle, sur ce sol gaulois, dans l'Aquitaine alors renommée par sa politesse et son urbanité (2), c'est dans cette ville de Poitiers que naquit Hilaire : il y est né entre les martyrs et les hérésies... à l'aurore même de la liberté de l'Église... il y est né d'un noble sang : *Nobilitatis lampade non obscurus* (3).

Francaire, son père, appartenait à cette noblesse gauloise plutôt romaine que nationale, parlant latin, admise par l'empereur Claude non-seulement au rang de citoyen romain, mais encore à celui de sénateur et à toutes les autres dignités de l'empire : faveurs qu'elle n'avait achetées qu'au prix d'un servilisme honteux et de la ruine de tous principes et de toute croyance. Aussi l'existence de ces nobles Gaulois, comme l'a dit un historien moderne renseigné là-dessus par les documents de l'époque, leur existence n'était plus qu'une orgie entremêlée de quelques paroles sévères et sentencieuses... l'ennui, le vide et le néant qu'ils cherchaient à remplir par les visions de la magie et de la théurgie, par les exaltations nerveuses de l'extase et du somnambulisme... Chaos indéfinissable de scepticisme et d'incrédulité, de dégoût de la vie et d'aspirations vers l'inconnu, d'anxiété et d'attente universelle... Tel est le caractère des grands de ce temps-là et de ce pays-là, telle est la situation des âmes. Situation malheureuse qu'il est peut-être facile au siècle où nous sommes, et par suite d'une parité, d'une identité trop frappantes, qu'il lui est, dis-je, plus facile de sentir et de comprendre que de définir (4)!...

(1) Voir sur tout cela les historiens du temps, et de nos jours HENRI MARTIN , *Histoire de France.*

(2) SULPICE SÉVÈRE, sub. fin. dial. 1. — AMMIEN-MARCELLIN, liv. XV, c. 11. — S. FORTUNAT, lib. VIII, *carminum* 1 et lib. XI, c. 16.

(3) S. FORTUNAT, in *vita S. Hilarii*.

(4) HENRI MARTIN.

Hilaire trouva-t-il dans sa famille ces tristes doctrines et ces funestes impressions? Je ne le pense pas : l'histoire semble même nous insinuer le contraire (1). Son génie s'est-il développé sous l'abri du toit paternel, ou bien est-il allé se retremper dans les écoles célèbres du temps? A Massilie, par exemple (Marseille), colonie grecque « qui était venue se poser sur les rivages de la Gaule, comme un nid de rossignol dans un buisson? » à Athènes qui n'avait pas encore perdu toute sa célébrité? A Rome où régnait encore l'école de Quintilien, et où il aurait pu connaître Lactance, le Cicéron chrétien, précepteur de Crispe, fils aîné de l'empereur (2)?

Tout ce qu'il nous est possible d'en dire, avec le même écrivain que nous citions tout à l'heure, « c'est qu'Hilaire, dans ses ouvrages, ne semble pas avoir le goût exquis des Grecs; c'est que le génie grec était trop mou pour s'accommoder au génie gaulois que possédait Hilaire au suprême degré; c'est qu'il fallait à cette lave bouillante l'éducation latine, la langue des Latins, cette langue de bronze et d'acier qui a été sa langue après tout : encore de temps en temps fait-il effort pour en jaillir, comme ces vapeurs brûlantes et trop condensées qui brisent aujourd'hui nos plus fortes machines. »

Mais qu'Hilaire soit allé à l'école d'Athènes ou à celle de Rome, ou bien qu'il soit resté dans celles des Gaules, il y a quelque chose qui se trouvait alors partout et qu'on ne pouvait s'empêcher non-seulement d'apprendre et de savoir, mais encore de respirer avec l'air. Il y a une doctrine qui commençait à se prêcher publiquement, ouvertement, librement et dont Hilaire ne laissait pas que d'avoir déjà quelque connaissance. Il y a surtout un fait étrange et qui, déjà depuis longtemps, était un fait accompli; un fait qui a dû nécessairement frapper sa grande âme et sa haute raison, ce fait c'est le martyre. Le martyre, mes Frères; c'est-à-dire la conviction morale au plus haut degré possible : et pour l'appeler par son véritable nom, la foi!... la vraie foi en Jésus-Christ, et encore cette foi qui s'affirme et qui se témoigne par l'effusion du sang!...

Or, je vous le demande : est-ce qu'Hilaire avait besoin de sortir des Gaules et d'aller à Athènes ou à Rome pour être frappé de tout cela, pour être imbibé de tout cela, pour être préparé par tout cela? Est-ce que l'air de la Gaule de Poitiers, son pays natal, n'était pas alors tout saturé de christianisme? Est-ce que saint Maxence, son prédécesseur dans l'épiscopat, ne prêchait pas alors dans sa cathédrale Saint-Pierre? Est-ce qu'enfin le pied d'Hilaire pouvait fouler le sol gaulois sans en faire jaillir le sang chrétien?

Telles sont donc, mes Frères, et sous les divines influences de la grâce, telles sont ce que je puis appeler les préparations lointaines d'Hilaire à la grâce du christianisme et par suite à celle de l'épiscopat. Nous allons voir maintenant ses préparations plus prochaines et plus personnelles.

---

(1) S. Fortunat, lib. I, n° 3 de *vita S. Hilarii.*

(2) S. Jérome, *epist. 4 ad Rust.* — *Præfat. in* lib. II, *Comm. ad Gal.* et epist. 141. Hilarius, *lib. de synod.* n° 9.

II.

Et pour cela, représentons-nous-le à cet âge qui n'est pas encore la maturité, et qui n'est plus la frivole jeunesse ; à cet âge où l'on pose tout en question ; où l'avenir s'ouvre devant nous comme une brillante et mystérieuse perspective ; le voyez-vous dans son riche costume de gentilhomme gaulois, avec sa haute taille, ses cheveux épars longs et bouclés ; le voici qui passe ; suivons-le de près. Il vient de jeter un coup d'œil observateur sur ce vieux baptistère Saint-Jean, dont le faîte, quelle qu'en soit d'ailleurs l'architecture, est marqué d'un signe qui n'est plus pour lui un mystère, le signe de la croix : temple dont assurément il doit connaître l'usage, et où plus tard lui-même il viendra recevoir le sacrement de l'illumination (1). Hilaire descend vers les rives du Clain (2) ; le traverse ; tressaille en passant près d'une prairie au milieu de laquelle, depuis plus de cent ans, l'herbe a cessé de pousser : parce que là, dit-on, sous la hache du bourreau, est tombée la tête d'un jeune homme, du jeune Simplicien, noble comme lui-même, fils comme lui d'un grand de la cité, du chef d'alors de sa vieille ville natale (3).

Il s'éloigne tout pensif, en songeant de nouveau à ce fait inouï dans l'histoire de l'humanité : à savoir d'hommes de tout âge, de tout sexe et de toute condition, se laissant égorger avec calme et avec joie pour les mêmes convictions religieuses. Tout rempli de ces étranges pensées, il s'enfonce dans cette vallée gracieuse et profonde, à l'extrémité de laquelle il établira plus tard le premier monastère des Gaules (4). A sa droite et sur la crête de la colline, se dessine dans le bleu du ciel le profil de solides arceaux romains dont l'aspect remue péniblement jusqu'au fond de ses veines son sang gaulois : lui rappelant que sa patrie ne s'appartient plus et qu'elle est l'esclave de l'étranger (5). A sa gauche, et tout près d'un énorme rocher suspendu en l'air, s'ouvre dans le flanc de la colline une grotte mystérieuse, où dans plus de mille ans un sectaire ira se cacher, et qu'aujourd'hui un reste de superstition gauloise lui fait croire habitée par quelque génie des pierres (6).

(1) S. PAUL, *ad Hœbr*. 6, 4. — Le temple Saint-Jean tout près de la cathédrale de Poitiers est un monument religieux qui remonte à la plus haute antiquité, sinon dans sa forme actuelle, du moins comme baptistère.

(2) C'est la rivière qui baigne la vieille ville de Poitiers.

(3) Voir sa légende dans le propre du diocèse de Poitiers.

(4) Ligugé, à 8 kilomètres de Poitiers.

(5) Restes d'un aqueduc romain, à environ deux kilomètres et demi de la ville.

(6) Hilaire encore païen a pu penser aux habitudes traditionnelles et aux poétiques superstitions qui existaient alors. Les dieux de Rome furent balayés sans peine de notre sol ; les vieux génies de la Gaule, les esprits des *pierres*, des eaux et des chênes, les êtres mystiques qui animaient la nature résistèrent avec plus d'opiniâtreté. En fait ils ne disparurent pas entièrement et ils furent continués par la féerie.

Quant à *la grotte à Calvin* comme on l'appelle encore et qui est le sectaire en question, ce nom rappelle que cette grotte lui servit de refuge dans ses courses prétendues évangéliques autour de Poitiers.

Mais sortons du vraisemblable, de la supposition et de l'hypothèse , pour entrer dans le vif et dans le saisissant de la réalité. Dans ces lieux , où nous l'avons conduit par un effet de notre imagination, et qu'Hilaire certainement a dû souvent fréquenter, nous allons maintenant le laisser parler lui-même ; ou plutôt nous allons le citer : écoutons-le donc. Car c'est là surtout, dans ses propres paroles, que nous allons voir briller sa foi naissante ; et que nous allons sentir son cœur de néophyte, dans toutes ses expressions et dans presque toutes ses syllabes. Non rien de comparable nulle part à ces anxiétés d'Hilaire, à ces soudaines illuminations, à ces tressaillements, à ces jouissances intellectuelles, sous le travail de la grâce, de la raison et de la foi, et décrites par Hilaire lui-même !

« ... Je me demande, se disait-il en réfléchissant à la vie humaine et aux devoirs religieux qu'elle impose, je cherche l'état qui, d'après les inspirations de la nature ou les enseignements des sages, peut fournir à notre intelligence un bonheur digne d'elle et du bienfait de la raison qui lui fut accordée par la bonté divine (1)... »

Ainsi donc, la première question que se pose Hilaire, c'est celle que s'est posée partout et toujours le cœur de tous les mortels, je veux dire la question du bonheur ; mais Hilaire, dès le début, la pose où il faut, dans l'âme de l'homme, dans son esprit et non pas dans ses sens.

Aussi notre jeune Gaulois parcourant à ce sujet les différents systèmes des philosophes païens, il voit les uns placer le bonheur dans l'union de l'opulence et du repos. « Mais quoi ! s'écrie-t-il indigné, est-ce bien là le bonheur fait pour l'homme raisonnable ? Non. Ce bonheur-là ne convient qu'à des brutes , qu'à ces bêtes que je vois errer dans le bois voisin , ou que je vois paître dans ces gras pâturages, et pour lesquelles le repos sans travail et l'herbe à satiété sont les seules jouissances (2)... »

D'autres font consister le bonheur, autrement dit le bien vivre, dans le bien penser et le bien agir ; et ce système, poursuit Hilaire, quoiqu'il soit plus noble et plus élevé que le premier, cependant il ne me semble pas complétement conforme à notre nature, comme concentrant le bonheur au fond de soi-même ; tandis que notre âme tend à sortir de soi pour se porter vers Dieu, comme vers l'auteur de tant de bienfaits ; vers celui auquel elle se doit tout entière ; dont elle regarde le service comme son plus beau titre de noblesse ; vers lequel se dirigent toutes ses pensées et toutes ses espérances ; dans la bonté duquel, au milieu des calamités sans nombre de la vie présente, elle peut enfin trouver le repos, comme au sein du port le plus doux et le plus sûr : le connaître ce Dieu, le comprendre et l'aimer, tel est donc le désir le plus ardent de mon âme (3) !... »

(1) HILARIUS, *De Trinitate*, lib, I, n° 1.

(2) *De Trinitate*, lib. I, numéros 1, 2.

(3) *De Trinitate*, lib. I, numéro 2. — Quod bene agere atque intelligere id demum bene vivere opinabantur.

Oh ! comme l'esprit d'Hilaire a déjà progressé : en donnant Dieu pour objet et pour terme au véritable bonheur, et non pas l'orgueilleux égoïsme de la personnalité individuelle de chacun de nous, Hilaire, dans la recherche de la vérité, vient de faire un pas décisif. Il vient d'un seul pas de franchir l'abîme où s'enfoncent de plus en plus, et surtout aujourd'hui, nos philosophes contemporains, et duquel jamais ils ne pourront sortir qu'en plaçant le bonheur, comme l'a fait Hilaire, où il faut et comme il faut : à savoir, je le répète, dans le cœur de l'homme comme base, et en Dieu seul comme objet et comme terme.

Mais ce Dieu quel est-il donc ?... Les uns le croient multiple ; d'autres avancent qu'il n'existe pas. « Pour moi, dit Hilaire, je crois qu'il existe et qu'il est un, parce qu'il est éternel et tout-puissant ; et qu'il n'y a qu'un seul Dieu capable d'être l'un et l'autre (1). »

Telles étaient ses pensées dans cette sinueuse vallée du Clain, où tout à l'heure nous l'avions suivi en imagination, tel était alors l'état de son esprit ; lorsque peu de temps après, par un de ces coups fortuits qu'il appelle lui-même un coup de hasard, et que plus tard il eût appelé un coup de la grâce, il tombe sur ces livres « que la religion des Hébreux prétend écrits par Moïse et par les prophètes : *Incidi in eos libros* (2). »

Et qu'y trouve-t-il donc dans ces livres ? Il y trouve, mes Frères, ou mieux il s'y trouve en face, et du premier coup d'œil, de cette profonde, de cette complète, de cette irremplaçable définition de Dieu par Dieu lui-même : *Ego sum qui sum*, je suis celui qui suis... Admirable ! s'écrie-t-il. On ne peut pas mieux dire... c'est là vraiment Dieu... c'est bien là sa véritable formule... mais aussi ce n'est encore là que sa substance incréée, que son essence divine... et sa forme, et ses attributs, et ses perfections, qui me les décrira ?.. C'est alors que continuant à dérouler ces livres, Isaïe lui dépeint, sous de grandes et sublimes images, sa toute-puissance et son immensité ; David lui chante dans ses psaumes, sa justice, sa bonté et sa miséricorde ; Salomon lui démontre par l'harmonie de ses œuvres, son infinie sagesse et sa suprême beauté (3).

Mais suivons dans l'esprit d'Hilaire cette entrée et cette progression de la lumière divine, telles qu'il les a décrites lui-même : « Quoique mon esprit se réjouît déjà de la connaissance de cette intelligence supérieure, excellente et inexplicable, en ce que dans son Créateur et son Père désormais il pouvait vénérer l'infinité d'une immense éternité ; cependant il recherchait encore

---

(1) Atque ita omnipotentiam æternitatemque non nisi penes unum esse, (*de Trinitate* lib. I, nº 4).

(2) Incidi in eos libros, quos a Moïse atque a prophetis scriptos esse Hæbreorum religio tradebat. (*De Trinitate*, nº 5).

(3) *De Trinitate*, nº 6.

avec plus d'ardeur la forme de son Maître infini et éternel (1). Le livre de la *Sagesse* le met sur la voie : il lui apprend que le Créateur de grandes choses doit être lui-même très-grand, et que l'ordonnateur des plus belles choses doit être lui-même excessivement beau. Alors son esprit imbu de cette pieuse doctrine et de cette grande découverte s'y repose comme dans un port tranquille. Il a trouvé Dieu, il l'a trouvé tel qu'il est ; mais surtout, il l'a trouvé tel, et c'est là pour Hilaire une conclusion capitale, par *sa raison possédée par la foi* (2).

Ici, mes Frères, une triste pensée surgit dans son âme, une cruelle appréhension le saisit au cœur : mais ce Dieu que son esprit connaît maintenant pourra-t-il bien le connaître toujours ?... C'est alors que le sentiment de sa propre immortalité s'échappant aussitôt de cette crainte, ce sentiment donne d'abord à son doute et à sa perplexité une première réponse ; ensuite sa raison vient elle-même le rassurer et le raffermir dans cette consolante espérance : « Je pense, a dit Descartes, donc j'existe. » « Je pense à Dieu, dit Hilaire, donc je suis immortel ; Dieu n'ayant pu donner sa connaissance et son amour à un être raisonnable pour l'anéantir quelques instants après : et même si j'interroge les profondeurs de ma propre nature, j'y découvre très-bien que j'ai dû commencer, mais je n'y vois nullement que je doive finir (3). »

Toutefois l'esprit d'Hilaire était encore « fatigué par cette double appréhension, l'anéantissement de son âme et la dissolution de son corps » lorsque continuant à dérouler ces livres divins, après Moïse et les prophètes viennent les pages du saint Évangile, et encore quelles pages ! Ce sublime début de l'Évangile de saint Jean que vous connaissez tous, mes Frères ; cette page qu'on peut encore appeler divine entre d'autres pages où cependant tout est divin ; ce sublime début où l'on peut dire que le divin s'est surpassé lui-même et que c'est vraiment le nec plus ultra de son style sacré et de son céleste langage : « Au commencement était le Verbe, et le Verbe était en Dieu, et le Verbe était Dieu... Tout ce qui est, a été fait par lui, et rien de ce qui est n'a été fait sans lui... Le Verbe est la vraie lumière qui éclaire tout homme venant en ce monde... Il est venu en ce monde, et le monde a été fait par lui, et le monde ne l'a pas connu... Et le Verbe s'est fait chair, et il demeura parmi nous, et nous avons vu sa gloire, qui est la gloire du Fils unique du Dieu plein de grâce et de vérité (4)... »

Oh ! c'est alors que l'âme d'Hilaire, qui vient de se plonger dans ce foyer de lumière des saints Évangiles, c'est alors qu'elle s'en échappe toute éblouie

(1) *De Trinitate*, n° 7.

(2) Ut tantum eum esse intelligeret, quantus intelligi non potest, et potest credi : dum in'elligentiam et fides sibi necessariæ religionis *assumit*, et infinitas æternæ potestatis excedit. (*De Trinitate*, n° 8).

(3) Porro autem non esse h c dignum Deo ratio ipsa suadebat, deduxisse eum in hanc participem consilii prudentiæque vitam, hominem sub defectione vivendi et æternitate moriendi. (*De Trinitate*, n° 9).

(4) *De Trinitate*, n° 11.

et toute palpitante, emportant avec elle plus d'espérance qu'elle n'en attendait ! *Plus spei invenit quàm expectabat.* Elle en emporte surtout ces grandes et capitales vérités, que Dieu est père ; qu'il est fils ; que Dieu le Fils s'est fait homme ; et que l'homme, par conséquent, fils de l'un et frère de l'autre, par grâce et non par nature, rentre, autant qu'il est en lui, dans toutes les prérogatives de la divinité.

C'est alors que l'esprit d'Hilaire, complétement satisfait, s'empare de la doctrine de ce divin mystère ; et que, mesurant toute son étendue avec la capacité de l'intelligence humaine, il reconnaît qu'il n'a pu l'acquérir par son propre sens ; mais en vertu d'un don céleste, qu'il appelle déjà lui-même le don infini de la foi : *Non sensu, sed fidei infinitate* (1).

C'est alors qu'en possession de cette foi divine, il méprise toutes les opinions de la philosophie humaine, et qu'il les qualifie comme elles le méritent, les appelant avec l'Apôtre saint Paul, des puérilités, des inepties et des mensonges (2).

C'est alors qu'il se repose dans cette foi avec toutes les grandes et célestes espérances qui l'accompagnent et qu'il y a trouvées. C'est alors qu'il en jouit dès maintenant, et que par l'immortalité de tout son être appuyée sur cette foi et renfermée dans ces divines espérances, il est certain d'en jouir à tout jamais : la mort n'étant plus pour lui que le commencement d'une éternité : *In hoc ergo conscia securitatis suæ otio, mens spebus suis læta requieverat : intercessionem mortis hujus usque eo non metuens, ut etiam reputaret initium æternitatis* (3).

Quel magnifique et divin spectacle nous venons d'entrevoir, mes très-chers Frères : la transformation d'une âme, et pour dire le mot, la conversion d'un esprit, et encore de quel esprit ! Quelle divine et ascendante progression dans l'esprit d'Hilaire, des ténèbres les plus profondes à la lumière la plus pure et la plus splendide ! et qu'il serait bon, comme contraste, de faire ici le tableau de la France d'Hilaire, montée par sa foi jusqu'aux sublimes hauteurs du christianisme, et descendue par l'incrédulité de nos philosophes jusqu'aux derniers degrés de la déraison, de l'ineptie et de la stupidité ! Qu'il serait bon de décrire ici, comme du reste ils l'ont décrite eux-mêmes (4), la triste et décroissante progression de la lumière du christianisme aux ténèbres d'une incrédulité plus que païenne, dans l'orgueilleuse raison de nos philosophes contemporains ! Ah ! si leurs anxiétés intellectuelles les conduisent au doute, à l'erreur et au désespoir ; au contraire, celles des esprits justes et droits qui cherchent comme Hilaire la vérité de bonne foi, courageusement et loyalement, elles les conduisent infailliblement à la possession de cette

---

(1) *De Trinitate,* n° 13. Cum itaque de rebus Dei erit sermo, concedamus cognitionem suî Deo, *dictisque ejus pia veneratione famulemur.* Idoneus enim sibi testis est, qui nisi per se cognitus est. (*De Trinitate,* n° 18).

(2) S. Paul, *ad coloss.* 2, 8 et suivants. — Respuit captiosas et inutiles, philosophiæ quæstiones fides constans, neque humanarum ineptiarum fallacis succumbens spolium se præbet veritas falsitati. (*De Trinitate,* n° 13, et lib. 3, n° 24).

(3) *De Trinitate,* lib. 1, n° 14.

(4) Jouffroy : *Confession d'un rationaliste,* page 24.

vérité, à la foi chrétienne, à la jouissance de l'objet de cette foi qui est Dieu même, en attendant sa contemplation dans l'éternité !

Quelle ardeur, en effet, de la part d'Hilaire, dans la recherche du vrai et du bien ! Quelle anxiété quand ils tardent trop ! Quelle joie quand ils commencent à paraître ! Quel bonheur quand il les possède; et quelle jubilation quand il les tient pour toujours, et quand il a l'espérance de ne les perdre jamais !

Mais suivons pour nous résumer, et aussi pour les accentuer davantage, suivons, avec Hilaire lui-même, les principaux termes de cette divine progression : *Circumspicienti mihi...* Le voici donc tout d'abord qui cherche de tous les côtés, à droite, à gauche, en lui-même, hors de lui-même; le voici qui tâtonne dans le faux jour, ou mieux dans les ténèbres de la philosophie païenne... Déjà il a trouvé quelque chose; mais ce n'est qu'une faible lueur, à peine l'aurore de ce soleil qui bientôt va se lever à l'horizon de son esprit... Toutefois, son âme se réjouit de ces doux rayons; mais elle en désire de plus resplendissants encore... Son âme s'en pénètre; mais elle en est fatiguée, parce qu'elle attend un plus grand jour... Enfin le plein jour a paru, et son âme tout d'abord en est toute palpitante et toute stupéfaite, parce qu'elle a plus trouvé qu'elle n'espérait : mais après ce moment rapide d'une émotion bien naturelle et bien sentie, son âme se repose enfin dans le vrai et le bien qu'elle a trouvé; et ce repos pour elle est d'autant plus délicieux, que c'est Dieu même qui le lui a donné par la foi, et que c'est Dieu même qui lui en assure l'éternelle possession, par l'espérance qu'il lui donne encore de sa propre immortalité (1).

III.

Ainsi donc Hilaire est chrétien; toutefois, mes Frères, il ne l'est encore qu'en ébauche, il ne l'est pas complétement; ou plutôt, dirai-je, il ne l'est pas substantiellement, et il faut qu'il le soit irrévocablement. La grâce a tout fait dans ce prélude, et la raison d'Hilaire n'a fait que la suivre et se laisser conduire : il faut maintenant qu'elle achève son œuvre; que, par le sacrement de l'illumination, comme l'appelle si bien l'apôtre saint Paul (2), ce don de la foi, qu'elle vient de lui donner, il faut que par le baptème elle le lui donne, je le répète, plus substantiellement ; que, par son caractère indélébile elle le lui donne à toujours; en d'autres termes, et comme tous les disciples du Verbe incarné, il faut qu'Hilaire soit chrétien éternellement.

C'est ici, mes Frères, qu'il faudrait vous le montrer suivant toutes les phases de l'initiation chrétienne, qu'on appelle le catéchuménat : c'est là que nous le verrions alors recevant de l'Église elle-même la lumière évangélique, par degrés ; avec ces ménagements, ces transitions dont nous ne sen-

---

(1) ... *Circumspicienti mihi...* hæc igitur multaque alia cum animo reputans... Quanquam igitur optimæ hujus atque inexplicabilis intelligentiæ sensu animus gauderet... his studiis imbutus... fatigabatur autem... hic jam mens trepida et anxia plus spei invenit quam expectabat... hanc itaque divini sacramenti doctrinam mens læta suscepit... non sensu, sed fidei infinitate... (*De Trinitate*, lib. 1, numéros 1, 5, 7, 8, 10, 11 et 12).

(2) S. PAUL, *ad Hœbr.* 6, 4.

tons guère le besoin, nous qui sommes nés dans le plein jour du christianisme ; mais transitions nécessaires et indispensables à ces yeux malades et presque paralysés par les ténèbres du paganisme ; imitant en cela la nature qui ne donne la lumière à l'enfant qui vient de naître qu'insensiblement ; ou bien l'homme de l'art qui la ménage et ne l'amène que peu à peu aux yeux malades et fatigués qu'il est chargé de guérir.

C'est là que nous verrions Hilaire, scrutant les Écritures avec cette hauteur d'intelligence, cette perspicacité d'esprit dont le ciel l'avait doué ; mais aussi avec cette force de tête que nous n'avons plus aujourd'hui, fatigués que nous sommes pas trop de prétendue science ; et qui rendait les hommes d'autrefois si vigoureusement trempés sous le rapport intellectuel , parce qu'ils étaient véritablement les hommes d'un seul livre.

C'est là surtout que nous le verrions, écoutant avec docilité, et malgré sa haute raison, les enseignements autorisés des maîtres de la doctrine ; de ceux qui, dans la sainte Église , avaient reçu mission pour enseigner : de saint Maxence, son prédécesseur, remontant par saint Justin, saint Agon et autres , jusqu'à saint Martial, l'apôtre d'Aquitaine et disciple de saint Pierre, le premier des Papes (1). Hilaire en recevait les traditions orales dont l'Église a le dépôt, et qui ne sont point consignées dans les saintes Écritures (2) ; il en recevait le vrai sens et la véritable interprétation des livres sacrés (3) ; en un mot, après être devenu chrétien par les efforts de sa raison et sous les influences efficaces de la grâce, par sa docilité à suivre les enseignements de l'Église, il devenait catholique.

C'est là enfin que nous l'eussions vu se préparant avec ferveur à la réception de ce sacrement de baptême qui, tout en nous rendant chrétiens d'un seul coup, et en quelque sorte d'une manière infuse, nous le rend à tout jamais et pour l'éternité.

Hilaire le reçut, ce sacrement régénérateur, peu de temps avant son épiscopat, et c'est lui-même qui nous l'apprend : *Regeneratus pridem et in episcopatu aliquantisper manens* (4). Il le reçut, pouvons-nous croire, dans ce vieux baptistère Saint-Jean, tout près de sa future cathédrale, et entre lesquels plus tard il placera son évêché et la cellule de son disciple Martin (5).

Il le reçut avec une foi vive, mais surtout avec une foi complète, témoignage authentique de l'orthodoxie de la sainte Église de Poitiers ; puisqu'il affirme lui-même que les décisions doctrinales du concile de Nicée n'ont rien changé et n'ont rien ajouté à sa croyance catholique... que, du reste, il ne les a connues qu'en partant pour l'exil (6)... que tout ce que le concile

---

(1) Voir sur l'apostolat de S. Martial. — BARONIUS, an. 98 § 22, et an. 109 § 38. — NOEL ALEXANDRE, sæc. I, dissert. 16

(2) S. PAUL, 2, ad *Thess.* 2, 14.

(3) S. PIERRE, 2 *epist.* 1, 10

(4) HILARIUS, lib. *de Synod.* no. 91— *Comment. in Matt.* cap. x, numéros 23 et 24.

(5) Une chapelle a été bâtie anciennement sur le lieu de cette cellule , elle vient d'être restaurée et elle est desservie par les prêtres de la congrégation de S. Hilaire.

(6) HILARIUS, lib. *de Synod.* n° 91,

avait défini, il le croyait déjà, et il devait le croire, par la formule de son baptême et par le symbole des apôtres qu'il avait alors récité sur les fonts sacrés... Il renvoie l'empereur Constance à la foi de la formule de son baptême (1)... Il écrase les Ariens par la foi, par la formule, par le symbole de leur baptême (2)... Il félicite les évêques des Gaules de ce qu'ils n'ont pas besoin de lire dans aucun livre ce qu'ils ont gravé dans le cœur de tous les néophytes régénérés...

Enfin, il se demande à lui-même : Mais à quoi bon écrirais-je sur du papier ce que nous avons tous gravé dans l'âme ? Eh ! quoi, régénérés par la foi, nous chercherions à nous instruire dans la foi, comme si cette régénération avait eu lieu sans la foi ?... Après le baptême, on voudrait nous apprendre Jésus-Christ, comme s'il pouvait y avoir un baptême sans la foi et sans la science de Notre Seigneur Jésus-Christ (3)... Puis se rappelant alors les pieux souvenirs de sa propre génération baptismale : O Christ, s'écrie-t-il, c'est ainsi que j'ai cru en toi ; c'est ainsi que j'ai été régénéré par toi ; et c'est ainsi que de cette régénération je suis sorti à toi... Que voulez-vous, poursuit Hilaire, on m'a inoculé cette foi chrétienne, j'en suis malade, et c'est sans remède : *His immedicabiliter imbutus sum*... Seigneur, je vous rends grâces de ce que je ne puisse en guérir, de cette foi en Jésus-Christ, et plutôt de ce que je puisse la garder jusqu'à la mort : *Quia in his nec emendari possum, et commori possum*... Ces choses, je les ai tellement sues, je les ai crues de telle sorte et je les tiens dans mon âme par une foi si ferme, que pour croire autrement, je ne le voudrais pas ; et quand je le voudrais, non, je ne le pourrais pas : *Ne aut possim credere aliter, aut velim* (4).

Que dites-vous de ce chrétien-là, mes très-chers Frères, était-il de bonne trempe ? Aussi, voyez-le, à peine sorti de cette régénération baptismale, et monté sur les hauteurs de sa foi catholique, voyez le cas qu'il fait des rêveries des philosophes et des arguties des hérétiques de son temps. Voyez la place qu'il donne à la raison humaine, la dépendance où il la maintient, et par conséquent où il maintient la sienne, sa haute et forte raison, en présence des grands mystères de la foi (5).

Il faut voir aussi comment cette foi, qui n'était point chez lui une foi purement théorique et placée seulement dans son esprit par sa raison aidée de la grâce ; qui n'était pas seulement une foi infuse et latente, infiltrée dans son cœur par le saint baptême ; mais qui était en même temps une foi pratique, opérant par la charité (6) ; il faut voir comment, au sortir du bain de la régénération, et avant même que, par le sacerdoce, il eût reçu toute mission à cet égard, comment, dis-je, il exerçait déjà ce qu'aujourd'hui on a si bien appelé l'apostolat laïque.

(1) HILARIUS, lib. 2 *ad Const.* numéros 4 et 11.
(2) *De Trinitate*, lib. 2, n° 1.
(3) Lib. *de Synod.* n° 63.
(4) Lib. 2, *ad Const.* n° 6. — Lib. *de Synod.* n° 63.
(5) Lib. 6, numéros 20 et 21. — Quia infinitæ æternitatis operatio infinitam metiendi exigat opinionem. (*De Trinitate*, lib. 3, n° 24. — FORTUNAT, lib. 1, n° 3.)
(6) S. PAUL, *ad Galat.* c. v, v. 6. — HILARIUS, *in Psal.* 51, n. 16.

Apostolat que vous connaissez si bien, mes très-chers Frères ; que vous avez exercé vous-mêmes avec tant de zèle et de dévouement dans cette bonne ville de Poitiers ; enfin qui naguère offrait par toute l'Europe une si parfaite organisation. Ah ! quand bientôt il renaîtra de ses cendres ou plutôt de lui-même sur ce sol de France et sur ce sol Poitevin ; quand il reparaîtra librement, comme il nous est impossible de ne pas l'espérer, rappelons-nous qu'il ne saurait avoir, sinon de meilleur patron, du moins de plus beau modèle qu'Hilaire !... ce qui a fait dire de lui à notre saint Fortunat : O le parfait laïque, à la sainteté duquel les prêtres eux-mêmes voudraient pouvoir atteindre : *O quàm perfectissimum laïcum, cujus imitatores ipsi etiam desiderant esse sacerdotes* (1).

C'est ainsi qu'il se préparait aux sublimes fonctions du sacerdoce et de l'épiscopat ; et que ce Dieu dont il était tout rempli, il lui tardait de le répandre dans l'esprit de ses frères : prêchant aux uns le grand mystère de la très-sainte Trinité ; surexcitant les autres par les promesses de la vie future ; en un mot, les excitant tous à remplir les pieux devoirs du christianisme, il ne cessait de semer parmi le peuple des paroles de vérité, et d'y faire produire en abondance des fruits de foi et de salut (2).

Mais cet apostolat laïque d'Hilaire, il l'exerça surtout parmi les siens, sous le toit paternel, et c'est par là que nous voulons clore en deux mots ce trop long discours, et dégager cette grande figure de tout ce qu'elle peut avoir de terrestre et de profane, pour ne la poser désormais devant vous que dans ce qu'elle a de sacré et de sacerdotal.

D'abord, il convertit son vieux père, ce vieux patricien gaulois, imbu sans doute de tous les préjugés et de toutes les superstitions de sa race et de son temps : et si pour Hilaire ce ne fut pas chose aisée, son triomphe n'en obtint que plus de consolation et plus de mérite. Une tâche plus facile lui restait à faire, c'était de convertir, sinon sa fille qui fut engendrée à la vie chrétienne, comme il le dit lui-même, par les vertus de sa mère, mais bien cette épouse qu'un mariage lui avait donnée avant son sacerdoce. De ce côté non-seulement le succès d'Hilaire fut complet, mais encore il le poussa jusqu'à la plus grande perfection : témoin ces poésies de l'exil à l'adresse de sa fille Abre, et encore plus brûlantes des ardeurs de la foi et plus embaumées de la bonne odeur de Jésus-Christ, que des feux et des parfums de l'Orient : témoin aussi cette lettre allégorique et gracieuse envoyée à sa fille du fond de la Phrygie ; dans laquelle les sentiments de son amour paternel semblent lutter d'ardeur et de tendresse avec ceux de sa foi et de son amour pour Dieu, et qui ne pouvait s'adresser qu'à des âmes déjà très-avancées dans la perfection chrétienne (3).

(1) S. FORTUNAT, in *vita Hilarii*, n. 1.
(2) S. FORTUNAT, in *vita Hilarii*, n. 1.
(3) *Hymnus S. Hilarii ad filiam suam Abram. — S. Hilarii epistola ad filiam suam Abram.* — S. FORTUNAT, in *vita S. Hilarii*, lib. 1. n. 6 — Epistolam sufficienti sale conditam, et velut aromaticis unguentis infusam, quæ tenetur Pictavis pro munere conservata...

Il est une scène étrange, et que, malgré sa date, je tiens à placer ici : un panégyrique n'est point une histoire, c'est une sorte d'ode, et il doit en avoir toutes les libertés ; scène étrange, je le répète ; mais pour la bien comprendre, il nous faut élever nos âmes, ne pas la voir avec nos yeux mortels, ni la juger avec notre cœur charnel et terrestre.

Transportons-nous en esprit dans un oratoire de la demeure d'Hilaire : il est là debout au milieu de sa femme et de sa fille agenouillées, dont l'une lui demande à voir l'époux le plus cher à son cœur, et l'autre ce fiancé dont il lui parla dans sa lettre de Phrygie... « ce fiancé divin qui possède depuis lors son âme tout entière ; qui doit un jour la revêtir d'un manteau précieux, auprès duquel la soie est un tissu grossier, l'or pâlit et la neige cesse d'être blanche ; qui doit mettre à son doigt ou sur son front virginal une perle précieuse dont les yeux ne peuvent soutenir l'éclat et qui surpasse tout ce que les cieux, la mer et le monde renferment de plus séduisant... [1] »

Après cette étrange et sublime demande de sa femme et de sa fille, notre Hilaire se dresse tout-à-coup ; ses yeux et ses mains s'élèvent vers le ciel ; son visage s'illumine d'un éclat surhumain ; on dirait Moïse sur la montagne, ou quelqu'un des anciens prophètes annonçant l'avenir. Tandis qu'il priait ainsi et dans une sorte d'extase, sa fille d'abord, puis sa femme, agenouillées près de lui, deviennent peu à peu immobiles et insensibles ; ce n'est point la rigidité de la mort ; ce n'est pas non plus la chaleur ni la souplesse de la vie ; non, mais on dirait la forme humaine que deux anges avaient prise pour descendre et apparaître au milieu des mortels, et qu'ils viennent de laisser comme un vêtement sur cette terre avant de remonter au ciel... [2]

L'épouse d'Hilaire est allée rejoindre son céleste époux ; la fille d'Hilaire est allée rejoindre son divin fiancé ! Hilaire reste seul ici-bas, disant à Dieu comme le dira plus tard son disciple Martin : et moi aussi, je voudrais bien mourir !... cependant, ô Seigneur, que votre sainte volonté s'accomplisse ; et si encore je suis utile à votre peuple, je ne refuse pas le travail : *non recuso laborem* [3].

Travail d'évêque de Poitiers, de confesseur de la foi, de docteur de l'Église qu'il devait encore continuer quelque temps sur cette terre : en attendant que lui-même un jour il allât rejoindre son père, son épouse et sa fille Abre, au pied du trône de ce Dieu trois fois saint, qu'il avait cru, aimé et confessé de toute son âme, et qu'il avait bien mérité par là de contempler face à face pendant les siècles des siècles. Amen.

(1) S. Hilarii *epistola ad filiam*.

(2) S. Fortunat in *vita S. Hilarii*, lib. 1, n. 13. — Quam voluntatem pater agnoscens, intentus orationibus non cessavit, donec sine dolore, sine contagio, se præsente, filia (et uxor) de mundi ludibrio migraret ad Christum.... O funeris gloria, quæ melior habetur quam vita : quia quod terræ subripuit, in cœlum transmisit ! vere, ut ego considero, plus fuit quam resuscitari sic mori.... — Bouchet, *Annales d'Aquitaine*, lib. 1, cap. 14.

(3) *Sulpice Sévère*. In *vita S. Martini*, cap. 27.

POITIERS. — TYPOGRAPHIE DE HENRI OUDIN.

POITIERS
TYPOGRAPHIE OUDIN.